Gefühle In Fülle

Kuldeep Sharma

Ukiyoto Publishing

All global publishing rights are held by

Ukiyoto Publishing

Published in 2023

Content Copyright © Kuldeep Sharma

ISBN 9789357145657

All rights reserved.
No part of this publication may be reproduced, transmitted, or stored in a retrieval system, in any form by any means, electronic, mechanical, photocopying, recording or otherwise, without the prior permission of the publisher.

The moral rights of the author have been asserted.

This is a work of fiction. Names, characters, businesses, places, events, locales, and incidents are either the products of the author's imagination or used in a fictitious manner. Any resemblance to actual persons, living or dead, or actual events is purely coincidental.

This book is sold subject to the condition that it shall not by way of trade or otherwise, be lent, resold, hired out or otherwise circulated, without the publisher's prior consent, in any form of binding or cover other than that in which it is published.

www.ukiyoto.com

Danksagungen

Ich möchte mich bei meinen Deutschlehrerinnen und Deutschlehrern am Goethe-Institut, München und Max Mueller Bhavan Delhi und Pune bedanken, die mir nicht nur Deutsch beigebracht, sondern mich auch mit der deutschen Kultur vertraut gemacht haben. Ich danke auch meinen ehemaligen Kolleginnen und Kollegen bei der Deutschen Welle, die mir geholfen haben, mein Deutsch zu verbessern.

Ganz besonders möchte ich meinen Freunden Henning Schroedter-Albers und R.S.V. Rajan danken, die mich ermutigt haben, Gedichte auf Deutsch zu schreiben.

INHALT

Alchemie	1
Lebensmut	3
Feierlichkeiten	5
Die Rückkehr	7
Enthüllung	8
Der Weg Nach Oben	9
Affirmation	10
Das Fest	11
Nestwärme	12
Weihnachten	13
Die Erlösung	14
Faschismus	15
Entdeckung	16
Kommunikation	17
Glückwunsch	18
Niederträchtig	19
Voraussetzung	20
Die Zeitleiste	21
Der Frühling	22
Die Aufklärung	23
Frieden	24
Die Arbeitsgebote	25
Dankbarkeit	26
Die Wahl	27
Der Segen	28
Du Formst Mich	29
Die Vitamine	30
Definition	31

Die Rolle	32
Grenzenlos	33
Harmonie	35
Vorurteile	36
Neue Begriffe	37
Das Sein	38
Die Stille	39
Der Besitz	40
Vollkommen	41
Das Wunder	42
Die Vereinbarung	43
Andere Länder	45
Die Hausordnung	46
Das Lebewesen	47
2050	48
Allmächtig	49
Abschied	50
Gastfreundschaft	51
Selbstverständlich	52
Pech	53
Das Geschwätz	54
Geschlechtergleichheit	55
Ich Und Ich	56
Gegensätze	57
Urlaub	58
Ambivalenz	59
Impressionen	60
Bescheidenheit	61
Ein Hoheitsstaat	62
Freunde	63

Die Katze Und Die Mäuse   64
Der Indische Sommer   66

Alchemie

Steh auf;
Erwache!
Liebe und lebe;
Lächle und lache!

Iss dich gesund;
Sei zu dir immer lieb!
Treibe Yoga;
Sei nicht deines Friedens Dieb!

Halte durch;
Verlier nicht den Mut!
Lass einfach los,
Lass schweben dein Gemüt!

Sei gelassen;
Sing ein schönes Lied!
Atme tief ein;
Du bist deines Glückes Schmied!

Meditiere;
Steig auf!
Hab Geduld;
Gib im Leben niemals auf!

Arbeite weiter;
Fürcht nicht die Pandemie!
Bleib stark;
Gedanken sind mehr als Alchemie!

Lebensmut

Es gibt kein Wasser.
Macht ja nichts!

Es gibt auch keinen Strom.
Stört es dich immer noch?

Es gibt keine Milch auf dem Markt.
Die Bevölkerung nimmt zu.

Heute gibt's wieder mal nichts zu essen.
Dann essen wir halt das nächste Mal.

Der Alte ist gestorben.
Der Mensch ist sterblich.

Ich habe Geburtstag.
Die Zeit vergeht schnell.

Es gibt wieder Unruhen.
Alles hat seine Gründe.

Es gibt eine neue Regierung.
Wie schön!

Aber alles ist beim Alten.
Na klar!

Werden wir je gut leben?
Das tun wir doch schon!

Wird es uns je besser gehen?
Natürlich!

Feierlichkeiten

Sie blättert im Fotoalbum;
Und liest Glückwunschkarten.
Ihr rinnen die Tränen über die Wangen.
Heute ist Feiertag.

Sie starrt das Telefon an.
Doch es bleibt stumm.
Nachdenklich geht sie ans Fenster.
Und schaut hinaus.

Es ist totenstill.
Der Himmel ist grau.
Die nackten Zweige der Bäume zittern.
Es sieht nach Schnee aus.

Die Autos gähnen.
Deren Scheiben sind geschlagen.
Zwei Ausländer gehen auf der Straße.
Sie mach den Fernseher an.

Mit sorgenvollem Gesicht
Schaut sie auf die Uhr.
Morgen wirds er besser, denkt sie.
Sie ist müde.

Einige Kerzen brennen noch.
Es ist dunkel.
Der große Christbaum steht in aller Pracht.
Und sie daneben.

Feierlichkeiten

Sie blättert im Fotoalbum;
Und liest Glückwunschkarten.
Ihr rinnen die Tränen über die Wangen.
Heute ist Feiertag.

Sie starrt das Telefon an.
Doch es bleibt stumm.
Nachdenklich geht sie ans Fenster.
Und schaut hinaus.

Es ist totenstill.
Der Himmel ist grau.
Die nackten Zweige der Bäume zittern.
Es sieht nach Schnee aus.

Die Autos gähnen.
Deren Scheiben sind geschlagen.
Zwei Ausländer gehen auf der Straße.
Sie mach den Fernseher an.

Mit sorgenvollem Gesicht
Schaut sie auf die Uhr.
Morgen wirds er besser, denkt sie.
Sie ist müde.

Einige Kerzen brennen noch.
Es ist dunkel.
Der große Christbaum steht in aller Pracht.
Und sie daneben.

Die Rückkehr

Ich ging von einem Berg zum anderen und suchte nach Frieden.

Ich wanderte von einer Frau zur anderen, um Liebe zu finden.

Ich wankte von einem Lehrer zu einem anderen, als ich nach Wissen suchte.

Ich irrte von einer Religion zur anderen auf der Suche nach Gott.

Ich bummelte von einer Stadt zur anderen und war auf der Suche nach Kultur.

Ich wanderte von einem Haus zum anderen in der Hoffnung, ein Zuhause zu finden.

Ich bin gestern zurückgekehrt.

Enthüllung

Er ist ein alter Bekannter
Von mir.
Ein netter Mann.

Gestern brach ich bei ihm ein
Und suchte
Nach meinem Namensschild.

Da waren viele Schubladen.
Doch auf einer
Stand mein Name.

Ich hatte den Schlüssel dabei
Und öffnete sie.
Ich erbleichte.

Der Weg Nach Oben

Guten Tag!
Ja.
Mache ich sofort.
Aber sicher!

Hallo!
Wie geht's?
Doch natürlich!
Ich bin dankbar.

Na, was macht die Familie?
Schöne Krawatte!
Es ist für die Kleine.
Ich würde mich freuen.

Guten Abend!
Selbstverständlich!
Ha ha ha ha.
Ganz meinerseits.

Affirmation

Ich kann zurzeit nicht schlafen.
Ich schlafe wie ein Baby.

Mir geht es nicht gut.
Ich bin im Fitnessstudio.

Ich habe Höhenangst.
Ich klettere auf einen Felsen.

Ich habe kein Geld.
Ich mache Urlaub auf den Bahamas.

Mein Partner liebt mich nicht.
Mein Partner verwöhnt mich so sehr!

Ich bin ein Versager.
Die Welt applaudiert mir.

Die Pandemie wütet schon lange.
Ich bin ein gesunder Geist in einem gesunden Körper.

Das Fest

Heute ist ein Fest.
Kein Silvester.
Kein Karneval.
Doch wir feiern.

Heute ist Diwali.
Reichhaltige Speisen.
Kerzen und Feuerwerk.
Im Freien ist es kalt.

Nestwärme

Du.
Du hast nicht angerufen.
Ja.
Du hättest uns doch sagen sollen.
Tja.
Papa schläft schon.
Na ja.
Setz dich eine Weile hin.
Kind.
Auf Wiedersehen!

Weihnachten

Nun leuchten wieder die Weihnachtskerzen;
Jubeln darüber alle Herzen!
Festliche Stimmung und frohe Gesichter;
Es ist ein Fest des Glücks und der Lichter!

Mögen wir ewig gesegnet sein;
Frohsinn haben und Sonnenschein.
Ich wünsche dir zum heiligen Feste;
Gesundheit und nur das Allerbeste!

Dass wir auf unsere Nächsten achten;
Sie nicht mit Worten abschlachten;
Die Welt als eine Familie betrachten;
So wünsche ich mir frohe Weihnachten!

Die Erlösung

Gerade als du dachtest,
Die Qual würde nachlassen,
Kam noch etwas mehr dazu
Und du musst einfach zulassen.

Sogar der erhabenste Lord Shiva*
Musste das gefürchtete Gift trinken,
Um deiner eigenen Seele willen,
Musst du auch im Gift ertrinken.

Es wird mehr Schmerz geben;
Es wird mehr Betrug entstehen.
Aber alles ist vorübergehend;
Frieden wird nochmal auferstehen.

*Lord Shiva ist eine Hindu-Gottheit, die zum Wohle der Menschheit Gift trank.

Faschismus

Die halten uns arm, sie halten uns stumm;
Wir sind unterlegen, aber doch nicht dumm.

Die haben sich ungestraft umgetauft;
Und dabei froh ihr Gewissen verkauft.

Weil ihnen jetzt die Füße kalt werden;
Gibts gegen uns viele Beschwerden.

Ihre Lügen sind wiederholt und uralt;
Sie lassen uns weiterhin angeschnallt.

Die haben die Macht, uns zu kontrollieren;
Ihr Hochmut lässt sie den Verstand verlieren.

Ihre Gier und Eigenliebe kennt kein Ende;
Die Corona-Maske gilt ihnen als Augenbinde.

Entdeckung

Ingwertee ist besser als Kräutertee.
Hausgemachtes Essen ist köstlich.
Meine Tochter hat zwei neue Zähne.
Meine Mutter hat zwei Zähne weniger.
Wir haben ein neues Haustier.
Whisky zu Hause schmeckt besser als anderswo.
Ich kann immer noch einen Kopfstand machen.

Kommunikation

Ich habe gestern bei dir angerufen.
Du warst wohl nicht da.

Ja, ich war nicht da.
Ich bin spazieren gegangen.

Das war Sonntagabend.
Ich dachte, du wärst zu Haus.

Das Wetter war schön.
Ich dachte, ich gehe mal spazieren.

Ich dachte, ich hätte mich verwählt.
Ich habe dann nochmals versucht.

Ich ging lange nicht mehr spazieren.
Aber diesmal bin ich doch gegangen.

Ich dachte, du wärst vielleicht im Bad.
Aber du warst ja nicht da.

Ich habe mich schon lange darauf gefreut,
Bei schönem Wetter mal auszugehen.

Glückwunsch

Ich wünsche dir Gesundheit und Glück;
Erhalte des Schicksals bestes Stück!

Genieße Lebensfreude und Frieden;
Sei stets gesegnet und voll zufrieden!

Bleibe glückselig, liebenswürdig und stark;
Herzlichen Glückwunsch zum Geburtstag!

Niederträchtig

Eine Muschel wird erstellt durch
Integrität
Loyalität
Liebe
Mitgefühl

Eine Pforte wird geschaffen durch
Korruption
Verrat
Hass
Apathie

Voraussetzung

Wenn sie könnten!

Die Augen sehen;
Die Ohren hören;
Der Verstand verstehen;
Die Hände berühren;
Die Füße gehen;
Die Nase riechen;
Die Zunge kosten;
Das Herz fühlen;

Und die Seele sprechen!

Die Zeitleiste

Unwissen verdunstet;
Weisheit setzt sich durch.

Die Zeit vergeht;
Erinnerungen leben weiter.

Das Unkraut stirbt aus;
Die Blumen blühen auf.

Die Menschen gehen fort;
Die Seelenverwandten bleiben zurück.

Die Wolken verziehen sich;
Die Sonne scheint.

Der Kampf nimmt ab;
Erfolg wird gekrönt.

Die Sorgen verschwinden;
Das Glück naht.

Der Frühling

Wie das Elend der Jungen erzwingt,
Bittere Tränen aus den schnell alternden Augen!

Der innerliche Kampf gegen die Furcht!
Die verfluchten Hoffnungen, die der Tod verschlingt!

Die Welt wird sich langsam erholen;
Doch wird nicht bald über das Leid kommen!

Doch ich hör' das Glück leise flüstern;
Es wird enden, die Menschenplünderung.

Aus dem menschlichen Schaudern
Ist oft der schönste Frühling entsprungen.

Die Aufklärung

Schmerz und Leid sind echt;
Jenseits der Grenzen ist die Qual.
Verletzt sind sogar die Lungen aus Stahl;
Die ganze Welt scheint so unwirklich!

Der gefühllose Verstand kann nicht fühlen;
Wir haben die Kontrolle über das Rad verloren.
Es gibt keine Freude zu verbergen;
Ich wünschte, es wäre eine Welt der Rollen.

Die Natur hat Geheimnisse zu enthüllen;
Sie hat ihre eigenen Wege, um zu heilen.
Sie weiß, wie man täuscht und handelt;
Die Menschheit wird ihren Schwung zurückgewinnen.

Frieden

Der Aggressor
Ist von der Menschheit geschieden.

Der Krieg
Ist endlos und doch unentschieden.

Die Kampffelder
Sind des Todes Schmieden.

Die Lösung aller Konflikte
Liegt nur im Frieden.

Die Arbeitsgebote

Wenn du weißt,
Wer es gemacht hat,
Ist es einfacher zu beurteilen,
Wie es ist.

Sag lieber gleich nein als ja.
Denn später ja sagen heißt großzügig zu sein.
Aber wenn du zuerst ja sagst und dann nein,
Heißt es sein Wort brechen.

Entscheidend ist nicht,
Was du leistest,
Sondern was du
Zu leisten scheinst.

Lass dir Zeit,
Deine Arbeit zu erledigen,
Denn je langsamer du arbeitest,
Desto weniger musst du tun.

Mach dem Chef,
Keine Verbesserungsvorschläge,
Denn alles ist schon viele besser als früher,
Und er ist nicht zu verbessern.

Dankbarkeit

Sie haben Kinder.
Verstehen Sie sie?

Sie haben einen liebevollen Lebenspartner.
Erwidern Sie das?

Sie haben eine gute Familiengesundheitsgeschichte.
Empfinden Sie das nicht als Glücksfall?

Sie sind erfolgreich.
Sind Sie dankbar?

Sie sind ein Selfmademan!
Ja, wirklich?

Die Wahl

Im Verkehr stecken bleiben
Oder schnell durchs Leben rasen.

Am Himmel kriechen
Oder auf dem Lande fliegen.

Nach unten kommen
Oder nach oben rutschen

Jung sterben
Oder alt geboren werden.

Den Tod feiern
Oder das Leben trauern.

Den Körper hassen
Oder die Seele lieben.

Der Segen

Wenn ich gesegnet bin,
Du bist der Segen.

Wenn ich glücklich bin,
Du bist das Glück.

Wenn ich liebe,
Du bist die Liebe.

Wenn ich singe,
Du bist der Song.

Wenn ich denke,
Du bist der Gedanke.

Wenn ich fliege,
Du bist der Himmel.

Wenn ich lebe,
Du bist das Leben.

Du Formst Mich

Ich bin
Die Wellen im Meer;
Das Wasser im Fluss;
Der Regentropfen in den Wolken;
Der Schnee auf den Bergen;
Der Bach in den Hügeln;
Der Wasserfall in den Bergen;
Der Wasserfall in den Bergen;
Der Tau auf den Blättern;
Die Feuchtigkeit in der Luft;
Der Schweiß auf der Stirn;
Der Dampf im Atem;
Die Tränen in den Augen.

Du formst mich.
Ich werde.

Die Vitamine

Liebe ernährt sich
Von Selbstlosigkeit.

Angst ernährt sich
Von Unglaube.

Hass ernährt sich
Von Lieblosigkeit.

Eifersucht ernährt sich
Von Ziellosigkeit.

Einsamkeit ernährt sich
Von Berührungsangst.

Arroganz ernährt sich
Von Ignoranz.

Innere Ruhe ernährt sich
Von Akzeptanz.

Glückseligkeit ernährt sich
Von Gelassenheit.

Definition

Die Heuchler loben:
Die Ehrlichen kritisieren.
Die Opportunisten flüchten;
Die Starken bleiben.
Die Optimisten hoffen;
Die Pessimisten dopen.
Die Schwachen hassen;
Die Starken lieben.
Die Weisen fordern den Tod heraus;
Die Ignoranten springen in den Tod.

Die Rolle

Geschlossene Hirne
Können niemals neue Türen öffnen.

Ein Feigling
Kann niemals brüllen.

Ein Pessimist
Findet nie neue Ufer.

Ein Sadist
Kann niemals bewundern.

Ein Freund
Wird nie verabscheuen.

Ein Kämpfer
Wird immer wiederherstellen.

Grenzenlos

Du hättest
ein berühmter Sänger werden können!

Ich habe mich
in Paul McCartney gesehen.

Du hättest
ein erfolgreicher Schriftsteller werden können!

Ich habe mir vorgestellt,
Franz Kafka zu sein

Du hättest
ein erfolgreicher Schauspieler sein können!

Ich dachte,
Anthony Hopkins wäre ich!

Du hättest
dir deine eigene Identität schaffen können!

Ich wollte mich
nicht auf mich selbst beschränken!

Harmonie

Meine Frau mag die Farben,
Die ich für sie auswähle.
Sie liebt es zu kochen,
Was ich esse.

Mein Sohn liest gerne die Bücher,
Die ich ihm empfehle.
Er liebt die Marken,
Die ich ihm vorschlage.

Meine Tochter liebt die Filme,
Die ich ihr zeige.
Sie liebt die Kleider,
Die ich ihr bringe.

Sie lieben die Restaurants meiner Wahl.
Sie mögen die Musik, die ich höre.
Sie lieben ihre Freunde, die ich mag.
Sie hassen die, die ich verachte.

Wir lieben einander -
Ich Glücklicher!
Meine Familie lebt in Harmonie -
Mit mir.

Vorurteile

Er sah mich an;
Ich wurde misstrauisch.
Er ging auf mich zu;
ich ging weg.
Er ging hinter mir her;
Ich begann zu laufen.
Er lief mir nach;
Ich stolperte.
Er ging mir zur Hand und sagte:
Sie haben Ihre Brieftasche fallen lassen!

Neue Begriffe

Beziehungen sind zerbrechlich.
Zufriedenheit ist Reichtum.
Der innere Frieden ist Erfolg.
Gesundheit ist der Reichtum.
Meditation ist das Gebet.
Vertrauen ist Gold.
Freundlichkeit ist Diamant.
Liebe ist die Erlösung.

Das Sein

Wenn du traurig bist,
Bring andere zum Lächeln!

Wenn du verletzt worden bist,
Heile andere!

Wenn du dich einsam fühlst,
Sprich mit dem Fremden in dir.

Wenn du keine Liebe im Leben erfahren hast,
Liebe andere!

Wenn du keine Freundlichkeit erlebst hast,
Sei freundlich zu anderen!

Wenn du keinen Engel gesehen hast,
Sei einer!

Die Stille

Der Geist zeichnet sich
In der Stille aus.

Das Herz glänzt
In der Stille.

Der Mut Schreit
In der Stille.

Der Glaube herrscht
In der Stille

Liebe wächst
In der Stille.

Der Besitz

Es ist warm!
Es ist die Wärme in meinem Herzen.

Lass uns reden.
Verstehst du mein Schweigen nicht?

Welches Parfüm trägst du?
Es ist der Duft meiner Seele.

Vitamin E ist gut für die Haut.
Meditation ist nahrhaft für die Seele.

Du hast ein gutes Augenlicht.
Aber nicht viel Vision.

Willst du Wasser?
Das habe ich schon in meinen Augen.

Vollkommen

Habe Geduld und Vertrauen;
Sei arglos, lebe einfach!
Du wirst immer gesund sein;
Du bist gesegnet!

Sprich immer liebevolle Worte;
Sei nicht wütend oder rachsüchtig!
Erzeuge göttliche Energie;
Das goldene Zeitalter naht!

Sei zuversichtlich;
Sei immer glücklich!
Lass dir nichts zu Kopf steigen;
Bleibe eingetaucht in Frieden und Liebe.

Das Leben ist Glückseligkeit;
Warum bist du erschüttert?
Du bist ein Teil des Universums;
Du bist vollkommen geboren!

Das Wunder

Ein Hindernis
Kann dich zu einem Wunder führen.

Es geschah ein Wunder,
Als die Zeit kritisch war.

Etwas hätte verheerend sein können!
Dass es nicht passiert ist, war ein Wunder.

Gerechtigkeit für ein vergangenes Debakel
Kann als Wunder eintreffen.

Es mag mystisch erscheinen
Jemanden zu lieben, ist ein Wunder.

Ein Atemzug ist ein Spektakel
Die Annahme des zweiten ist ein Wunder.

Sei pragmatisch.
Erwarte ein Wunder!

Die Vereinbarung

Wir leben unter einem Dach,
Ohne miteinander zu sprechen.
Wir liegen in einem Bett,
Ohne einander zu berühren.

Wir sitzen am Tisch,
Um zu Mittag zu essen.
Sie schenkt mir Wasser ein;
Und ich reiche ihr Gerichte.

Wir fahren im Auto,
Ohne zu wissen, wohin.
Möchte sie aussteigen,
Hält sie es von selber an.

Besuchen uns unsere Freunde,
Verhalten wir uns sehr gemessen.
Sie macht Tee und wir trinken;
Ich koche und sie essen.

Abends gehen wir spazieren,
Wie ein neuvermähltes Ehepaar.
Wir sitzen im Garten,
Und sehen uns einander an.

Die Nachbarn beneiden uns,
Wie gut wir uns verstehen;
Und nachts so friedlich,
Miteinander zu Bett gehen.

Andere Länder

Ein neuer Kollege
fragte mich gestern
nach meiner
Telefonnummer.

Er wollte wissen,
wo ich wohne
und ob ich
verheiratet bin.

Er sprach viel
und lachte umsonst.
Er wollte mich sogar
gleich duzen.

Er hat sich
mit vielen schon angefreundet.
Sie treffen sich sogar
außerhalb des Büros.

Da kommt er,
lächelt mich an
und gibt mir die Hand.
Unverschämt!

Die Hausordnung

Haustiere nicht erlaubt.
Schnellkochtopf mit Pfeife verboten.
Musik bitte leise spielen.
Bitte leise lachen.
Kinderbesuch nicht gestattet.
Wohnungstür nicht offen lassen.
Telefon und Wecker leise stellen.
Wasserhahn nicht tropfen lassen.
Nichts auf den Boden fallen lassen.
Im Flur immer leise gehen.
Nach 10 Uhr ist Ruhe.

Das Lebewesen

Man wird geboren.
Man wächst auf.
Man lernt sich kennen.
Man lernt das Leben kennen.
Man lebt.
Man freut sich am Leben.
Man leidet unterem Leben.
Man stirbt am Leben.
Man lebt.

2050

Opa,
Was ist ein Baum?

Du.
Guck mal das Bild hier.

Schön!
Hast du auch schon mal einen gesehen?

Und ob!
Ich habe einen sogar abgeholzt.

Allmächtig

Du fällst aus dem Bett;
Du stehst nie wieder auf.

Dein Wagen kippt um;
Du wirst zerquetscht.

Du fällst ins Koma;
Dein Leben hat einen Punkt.

Dein Boot kentert;
Du tauchst nie wieder auf.

Ein Schritt auf einen Nagel
Sie werden festgenagelt.

Eine Schlange beißt dich;
Du beißt ins Gras.

Im Schnee,
Du frierst.

Im Feuer,
wirst du zu Asche.

Abschied

Das Leben ist zu Ende;
Aber ziemlich geschwinde.
Ich habe kaum etwas erlebt;
Ich habe eigentlich nicht gelebt.

Jetzt nehme ich Abschied;
Singe nur noch ein schönes Lied.
Ich schreibe noch ein kurzes Gedicht;
Und sehe darin ihr schönes Gesicht.

Dann sehe ich mir den Himmel an;
Rufe noch alle meine Lieben an.
Ich esse die hausgebackene Torte;
Und besuche meine Lieblingsorte.

Alle leben ungestört weiter;
Nur ich bin gar nicht mehr heiter.
Für meine Fehler habe ich noch nicht gebüßt;
Aber der Tod hat mich schon geküsst.

Gastfreundschaft

Fühlen Sie sich bitte wie zu Haus.
Was möchten Sie trinken?
Ich weiß nicht, ob es Ihnen schmecken wird.
Probieren Sie bitte es auch mal.
Nehmen Sie doch auch etwas davon.
Das haben Sie gar nicht getestet.
Bitte nehmen Sie doch noch etwas.
Nur noch das letzte Mal.
Das Essen hat Ihnen wohl nicht geschmeckt.

Prost!
Guten Appetit.

Selbstverständlich

Ich habe Geld.
Ich bin reich.

Ich habe zwei Kinder.
Ich bin Vater.

Wir kennen uns schon zehn Jahre.
Wir sind Freunde.

Ich unterrichte an der Uni.
Ich bin Lehrer.

Ich habe Medizin studiert.
Ich bin Arzt.

Ich habe zehn Bücher geschrieben.
Ich bin Autor.

Ich denke.
Ich bin Intellektueller.

Pech

Ich habe den Bus verpasst.
Mein Fernseher ist kaputt.
Diesen Job habe ich nicht bekommen.
Ich habe mein Portemonnaie verloren.
Wir haben keinen Sohn.
Im Urlaub hatten wir nur Regen.
Es hat zu Weihnachten nicht geschneit.
Wir haben keine Redefreiheit.
Ich habe noch keinen BMW.
Wir besitzen keine Atomwaffen.
Unser WLAN funktioniert nicht.
Ich bin Flüchtling.

Das Geschwätz

Wie fährt dein neues Auto?
Ich habe ein altes Auto.
Hast du den kein neues gekauft?
Nein, mein altes fährt noch ganz gut.

Ist das Baby schon da?
Welches Baby?
Euer, natürlich!
Aber wir erwarten gar kein Kind!

Na, hat es geklappt?
Was denn?
Mit der Scheidung.
Aber wir sind doch glücklich verheiratet.

Warum hast du denn gekündigt?
Was für eine Frage ist das?
Ich habe gehört, dass du gehst!
Nicht, dass ich wüsste.

Geschlechtergleichheit

Ich bin genauso strebsam,
wie er.

Ich bin genauso gebildet,
wie er.

Ich bin genauso tüchtig,
wie er.

Ich bin genauso wichtig,
wie er.

Ich bin genauso egoistisch,
wie er.

Ich bin genauso männlich,
wie er.

Ich Und Ich

Ich
Und
Das Ich
Streiten sich
Um mich.

Mein Leben wäre
Etwas
Ohne mein Ich.

Dein Leben wäre
Auch etwas
Ohne dein Ich.

Unser Leben wäre
Doch etwas
Ohne das seine
Und das ihre Ich.

Wir sind es
Dank unserem Ich.

Gegensätze

Hitze, Dreck Armut.
Ich mache im Winter dort Urlaub.

Naturkatastrophen und Seuchen.
Habt ihr den auch Computer?

Wir geben viel Entwicklungshilfe.
Tee und Reis sind bei uns billig.

Bettler, Slums, Kühe.
Kunstvolle Bilder.

Ihr verbrennt eure Frauen mit Erdöl.
Wir bauen modernste Waffen.

Urlaub

Herr Weber verabschiedet sich.
Er fährt in Urlaub.

Er frühstückt im Bett,
Steht spät auf,
Kocht für die Familie,
Liest Bücher,
Schreibt lange Briefe,
Beschäftigt sich mit seinen Kindern,
Macht seiner Frau Komplimente,
Spielt Schach mit ihr,
Liegt mit ihr im Bett zusammen.

Der Urlaub ist zu Ende.
Es war schön in Spanien.

Ambivalenz

Ich verstehe klassische Musik nicht.
Ich höre sie gerne.

Ich habe kein Auto.
Ich will einen BMW fahren.

Unser letzter Urlaub war teuer.
Wir hatten viel Spaß.

Mein Chef ist dumm.
Ich mag ihn.

Mein Nachbar ist so arrogant.
Ich kenne ihn nicht.

Impressionen

So viele Menschen.
Wie schön!

Strohhütten.
Wie romantisch!

Abgetretene Saris.
Wie erotisch!

So viele Götter.
Wie vielfältig!

Kamelmilch.
Na so was!

Bären- und Schlangentanz.
Wie exotisch.

Bescheidenheit

Stell dir vor!
In einem Fünfsternhotel
Isst du zu Abend
Und kriegst Durchfall.

Ach nein.
Nicht jedes Jahr.
Nur alle zwei Jahre
Fahren wir nach Australien.

Ich bin umweltbewusst
Und fahre liebe mit der Bus.
Meine beiden BMWs
Lasse ich in der Garage.

Nein, ich verdiene nicht
Das Meiste in meiner Firma.
Ich muss noch
Den CEO aufholen.

Ein Hoheitsstaat

Guten Tag, Herr Groß.
Was darf es sein?
Berge, Seen, Land?
Oder Quellenwasser rein?

Deine Seen taugen wenig.
Dein Land ist unfruchtbar.
Deine Berge sind zu klein.
Dein Wasser ist untrinkbar.

Verzeihen Sie, Herr Groß!
Ich biete Ihnen alles an.
Ich bin nun mal sehr klein.
Ich lege mich mit Ihnen nicht an.

Ich nehme dir deine Freiheit.
Ich bringe dich um deinen Mut.
Strecke dich nach deiner Decke.
Es gibt keinen Schutz vor meiner Wut.

Freunde

Er verdient nicht so viel wie ich.
Er ist nicht so charmant.
Seine Frau ist nicht attraktiver als meine.
Seine Kinder sind nicht intelligenter.
Er fährt kein größeres Auto als ich.
Seine Wohnung ist kleiner.
Ich mache öfter Urlaub als er.
Er wird nicht so oft eingeladen wie ich.
Er interessiert sich für Literatur.
Ich mich für Politik.

Die Katze Und Die Mäuse

Sie kommt;
Wir stehen auf.

Sie setzt sich;
Wir bleiben stehen.

Sie befiehlt;
Wir setzen uns.

Sie lässt sich Wasser holen;
Wir haben Durst.

Wir gucken auf die Uhr;
Die Zeit steht still.

Sie schreibt einen Satz;
Wir schreiben zehn Seiten.

Sie fragt;
Wir antworten.

Sie bringt ein Lächeln auf;
Wir kriegen Angst.

Es klingelt;
Wir tanzen auf dem Tisch.

Der Indische Sommer

Es war heiß dermaßen,
Kein Mensch saß auf den Terrassen.
Kein Wind war zu spüren;
Kein Geräusch war zu hören.
Die Bäume standen angewurzelt;
Und das Laub verzweifelt.

Die Straßen waren menschenleer.
Langsam schmolz auch der Teer;
Und floss an die Seiten,
Als ob die Straßen weinten.

Die Berge wurden zu Sand;
Weder gab es See noch Strand.
Der Himmel nährte sich der Erde;
Die Sonne ersetzte unsere Herde.
Wir wurden von irdischen Menschen
Zu sonnigen Strahlen.

Zum Autor

Kuldeep Sharma ist Lehrer für die deutsche Sprache. Er unterrichtete 15 Jahre lang Deutsch am Goethe-Institut in Neu-Delhi (Max Mueller Bhavan). Zuvor arbeitete er für das Deutsche Fernsehen in Deutschland.

Er ist Master-Trainer für Unternehmen und Motivationsredner. In seinen Selbsthilfe-Workshops verbindet er moderne Methoden mit spiritueller Praxis. Er ist der festen Überzeugung, dass wir spirituelle Wesen sind und dass unser Glück darin liegt, im Einklang mit der Natur zu sein und veraltete Ideen, falsche Vorstellungen und Glaubenssätze über das Leben loszulassen. Spiritualität ist ein Prozess der Selbstfindung und der Erweiterung des Bewusstseinshorizonts.

Kuldeep Sharma hat Lebenserfahrungen gemacht, die über das übliche wissenschaftliche Verständnis hinausgehen. Er wurde schon früh mit Spiritualität konfrontiert und mit der Gabe der Vorahnung gesegnet. Seit langem schreibt er Gedichte, Theaterstücke, Kurzgeschichten und Worte der Weisheit in Hindi, Englisch und Deutsch.

www.ingramcontent.com/pod-product-compliance
Lightning Source LLC
LaVergne TN
LVHW041632070526
838199LV00052B/3318